L41b
2380

AUX CITOYENS RÉUNIS EN SOCIÉTÉS POPULAIRES,

Par CLAUDE PAYAN, *Administrateur du Département de la Drome.*

CITOYENS,

Quelle est donc la source de cette agitation qui règne encore au milieu de vous ? avez-vous un nouveau trône à renverser ? habiles à détruire le despotisme, êtes-vous impuissans contre l'anarchie ? Quels sont & que prétendent ces hommes sanguinaires, qui osent se faire un honneur de plonger leurs mains impies dans le sang de leurs semblables ? Quels sont & que prétendent ces hommes, qui osent prêcher l'insurrection contre les Loix et contre la

A

République naissante ? Il est temps, il est temps d'arrêter cette insurrection du peuple, elle deviendroit mortelle pour la liberté; la nature qui a prescrit à la mer des limites qu'elle ne franchit que dans les crises violentes qu'éprouve l'univers, a mis dans le cœur de l'homme de justes bornes à ses vengeances, l'humanité; la segesse a opposé un frein à ses excès, la loi. Pourquoi son empire bienfaisant est-il encore méconnu ? Seroit-ce pour nous plonger dans les horreurs de l'anarchie, que les hommes du 10 août auroient rendu au peuple l'exereice de ses droits, & assigné au tyran la place que méritent tous ses pareils ! L'éclair a brillé, la foudre à grondé, l'ennemi est terrassé, que l'horizon s'éclaircisse, que les vents se calment & que nous puissions, après l'orage, jouir de la sérénité du ciel qu'il doit faire naître.

Un vain fantôme de constitution montre aux yeux du peuple François l'image séduisante de la liberté; il croit voir luire la liberté même, il jure de la défendre jusqu'à la mort; mais les bons citoyens se réveillent bientôt aux cris plaintifs de la Patrie en danger, au bruit des chaînes que leur forgeoit un roi constitutionnel; les Sociétés Populaires se lèvent, elles appellent la vengeance terrible du peuple sur le plus fourbe et le plus traître des hommes.

Tous les complots des ennemis de la Patrie rassemblent, sur le ciel de la France, des nuages affreux, avant-coureurs de la tempête prête à éclater, les esprits timides craignent qu'elle n'anéantisse la liberté; mais, ses plus zélés défenseurs osent, d'une main courageuse, détourner la foudre, et elle ne frappe que la tyrannie; la commotion se fait sentir en un instant, d'une extrémité de l'empire à l'autre, et les vagues effrayantes du peuple irrité engloutissent dans les abîmes de la terre ses lâches ennemis, ou rejètent sur les rivages voisins cette écume impure qui souilloit le sein de la France. Une convention nationnale remplace une Assemblée législative, moitié foible, moitié corrompue, et la royauté et ses complots, et la liste civile, et les vils satellites qu'elle soudoyoit, disparoissent devant la volonté suprême des représentans du souverain ; la plupart des autorités constituées sont renouvellées, et les membres qui les composent, sont ces hommes courageux qui ont terrassé le despotisme. De milliers de françois devenus des hommes nouveaux, des républicains volent aux frontières ; les cohortes sanguinaires des rois coalisés prennent la fuite en frémissant ; l'étendard tricolore flotte à Spire ; les chaînes de la Savoye sont brisées, et tous nos ennemis rentrent dans le néant.

Mais au moment où le colosse du despotisme tomba, de la fange de l'aristocratie et de l'intrigue sortirent impudemment des hommes sans d'autre ressource que le crime, sans d'autres sentimens que ceux qui deshonorent l'humanité. Des agitateurs soudoyés par Brunswick, s'associèrent à eux, et furent plus utiles à ses noirs et liberticides projets, que les armées qu'il commandoit. Sociétés populaires, voilà les ennemis les plus dangereux du peuple ; qu'ils apprennent de vous à les connoître et à se méfier de leurs affreuses clameurs.

Sociétés populaires, vous auxquelles il suffit d'indiquer le bien pour que vous preniez tous les moyens de le propager, l'espérance de la patrie est entre vos mains ; si l'opinion publique, dirigée par vous, ne fait rentrer dans les ténèbres de la nullité, cette coalition infernale et sacrilège d'anarchistes, la France est anéantie, et la liberté et l'égalité périssent avec elle ; si vous mettez quelque prix à leur conservation, démasquez tous ces agitateurs ; d'un seul mot, ils peuvent allumer l'incendie ; d'un seul mot, ils peuvent appeller la dévastation dans les propriétés du meilleur citoyen ; d'un seul mot, ils peuvent conduire l'innocence au supplice.

Ces tours, ces maisons élevées, insultent à l'égalité, crient les agitateurs : eh ! dites plutôt que c'est vous qui l'outragez, en vous arrogeant le droit de les renverser ; elles peuvent servir de repaire à nos ennemis ; eh bien ! instruisez-en la Convention Nationale, le Conseil exécutif, et bientôt elles tomberont à la voix puissante, mais juste de la loi, expression de la volonté générale.

Ces propriétés sont celles d'un émigré, il faut les détruire; citoyens égarés, que faites-vous? ces biens vous appartiennent, ils sont à vous, membres de cette franche et confiante nation, qui les a mis sous la sauve garde de votre loyauté; ils doivent servir aux frais d'une guerre entreprise pour la cause de la liberté; ils doivent servir à réparer les pertes honorables de deux cités généreuses, et à jamais célèbres dans les fastes de l'univers. Voudriez-vous que pour remplir ce devoir religieux et sacré, on levât sur vos biens de nouvelles contributions? quel déplorable délire vous entraîne à votre perte! Vous regardez ces agitateurs comme des amis de la patrie, et ce sont eux-mêmes qui vous portent à piller les maisons, à dévaster les propriétés de la République.

Quelques-uns de nos bataillons nationaux ne sont point encore armés, je n'en suis point surpris; des agitateurs soudoyés persuadent au peuple que les armes qu'on leur expédie, sont destinées à nos ennemis; ce peuple s'attroupe, les armes sont pillées, les soldats citoyens qui les conduisent sont massacrés..... et les agitateurs..... leurs assassins respirent encore!

Le prix du pain augmente dans une progression effrayante, les achats deviennent chaque jour plus difficiles: peuple, bon peuple égaré, accusez-en encore les perfides agitateurs qui se répandent parmi vous; ils ne vous entretiennent que de la rareté des subsistances; la crainte d'en manquer, pire que la pénurie même, exalte l'imagination des citoyens; les grains sont taxés, arrêtés ou pillés: le commerçant craint pour ses propriétés, pour sa vie même, la circulation est tarie; le peuple se plaint......... l'insensé! il est lui-même l'auteur de sa misère par sa dangereuse confiance dans les agitateurs.

La patrie est en danger, disent encore les agitateurs, et il faut égorger les hommes qui n'aiment pas la révolution:

quelle horreur ! et quelle affreuse carrière n'allez-vous pas ouvrir à l'inquisition et à l'arbitraire ; voudriez-vous scruter les pensées jusqu'au fond du cœur ! D'ailleurs les loix sont-elles impuissantes ; vous ont-elles confié le soin de leur vengeance ? si le prévenu a des complices, n'enlevez-vous pas à la justice des éclaircissemens nécessaires à la chose publique ? s'il est coupable, sa punition légale n'imprimeroit-elle pas une plus grande terreur à tous les hommes corrompus ? s'il est innocent, comment repareréz-vous l'outrage fait à l'humanité et à la dignité de l'homme libre ? La patrie est en danger, dites-vous, ah ! sans doute la patrie est encore en danger, elle y sera tant que vous troublerez sa tranquillité, en entretenant dans son sein une fermentation dangereuse ; elle y sera tant que vous deshonorerez, par vos crimes, une nation sensible et fière.

Une autre ressource des agitateurs est de dénoncer au peuple comme aristocrates les bons citoyens qui veulent ramener le règne heureux de la justice et de la paix. Ah ! certes ceux qui n'ont pas craint les poignards des tyrans, et qui ont méprisé leurs trésors, ne trahiront pas aujourd'hui la cause sublime de l'égalité ; apprenez, François, à connoître vos vrais amis ; écoutez ce que vous conseillent les Rolland, les Brissot, les Guadet, les Vergniaud, ces hommes, qui n'ont pas craint de renverser l'idole du despotisme ? Quelle est la divinité qu'ils invoquent ? la Loi. Quels sont les ennemis qu'ils vous dénoncent, avec la même énergie qu'ils dévoilloient les noires trahisons du pouvoir exécutif ? les agitateurs ; que veulent ceux-ci, ou le pillage ou la royauté, ou le protectorat ? Que vouloit le traître Lafayette, arrêté par l'ennemi, osant braver l'Assemblée législative, le despotisme constitutionel ? Que veut ce brave Dumourier, baissant humblement son front, couronné des mains de la victoire devant les représentans de la République ? son triomphe. Ah ! si vous voulez l'établir sur des bases immuables, et le faire chérir aux nations, qui nous contemplent, réunissez tous vos efforts pour anéantir ces perfides agitateurs. De quelles horreurs n'ont-ils pas déjà souillé le sol de la France ? Mais, aurai-je le courage de lever le voile ensanglanté qui les couvre ? Aurai-je la force de vous peindre des autorités constituées, établies par vous, méprisées, avilies ; des contributions levées les armes à la main ; le plus foible soumis à la loi du plus fort ; la cruauté de quelques vils assassins substituée à la justice éclatante des loix ; des cannibales, voulant persuader à un peuple humain et doux, que se baigner dans le sang, est un acte de patriotisme ; des hommes, ennivrés d'une joie barbare, se disputer les membres palpitans d'un de leurs semblables, invoquer la liberté, en exerçant le despotisme le plus affreux, invoquer l'égalité, en traduisant leurs concitoyens à leur sanguinaire tribunal, invoquer l'humanité en vous égorgeant, et qui crient *vive la nation*, tandis qu'ils la déshonorent et qu'ils la tuent par leurs forfaits. Eh ! quoi ! sous le règne de la tyrannie on eût puni celui des sujets du despote qui eût attenté à ma personne, ou dévasté mes propriétés, et sous le règne de la liberté, un citoyen, mon égal, ose s'arroger le même empire que la loi, et se faire un honneur de ses crimes. Ah ! si c'est pour tomber sous le couteau de ces lâches scélérats que j'ai secoué le joug de quelques vils despotes, si pour être *patriote* il faut se constituer *assassin*, ce titre devient un outrage pour moi : non, non, je ne veux plus de la liberté que vous m'offrez aujourd'hui... ou plutôt, je ne veux ni royauté ni protectorat, ni nobles, ni agitateurs ; je veux le règne de la loi, et je ne veux qu'elle.

En envoyant des représentans à la Convention nationale, vous leur avez dit : Faites des loix sages et conformes à nos droits ; ils mettent les propriétés et les personnes sous votre propre sauve-garde, & vous les violez sans cesse ! Les ennemis de la Patrie n'ont pas osé se montrer aux dernières élections, vos suffrages seuls ont élevé aux places les citoyens élus ; & vous méprisez l'autorité que vous seuls leur avez confiée ! Il ne vous faudroit donc plus, ni représentans, ni administrateurs, ni magistrats; vous voudriez que la loi fût faite désormais par le plus fort, et qu'elle fût exécutée les armes à la main : mais, est-ce là l'attitude d'un Républicain ? Voulez-vous en prendre le caractère ? Méfiez-vous des agitateurs, et voyez à quels excès ils vous entraînent ? Vous reprochez à vos ennemis des horreurs, et vous en commettez vous-mêmes ! ils violent les loix sanguinaires de la guerre, et vous, les loix bienfaisantes de la paix ! vous prétendez être Patriotes, et vous méprisez les loix de la République, et vous exigez que les royalistes s'y soumettent ! Vous faites des vœux pour que la liberté parcoure l'univers, vous la teignez de sang, et vous voulez que les peuples s'empressent de l'adorer ! vous voulez que tous les despotes du monde baissent un front humilié devant la souveraineté nationale, et vous la bravez chaque jour, en enfreignant les ordres suprêmes des représentans du souverain ! vous voulez que le peuple François soit considéré comme le premier peuple de la terre, et vous tendez à l'abaisser par vos crimes, au rang de la plus vile et de la plus barbare des nations. Vous croyez être Républicain parce qu'on a décrété la République? ah ! revenez de votre erreur ! sachez que la base inébranlable du trône où elle doit être assise, est l'austère vertu des citoyens. Chassez de vos ames la barbarie, l'ambition, l'amour des voluptés, l'avarice; appelez-y l'humanité, la modération, la sobriété, le mépris des richesses, & alors, seulement alors, vous pourrez vous décorer du titre sublime de Républicain.

Sous le règne d'un despote, sa volonté est l'unique et suprême loi, on ne lui obéit, que parce qu'on la craint, sa sévérité révolte, parce qu'elle n'est pas la même pour tous, et je conçois que la violer, est le propre d'une ame forte et courageuse; mais sous le régime de la République, la loi est l'expression de la volonté générale des citoyens. On doit lui obéir avec empressement, parce qu'on l'a soi-même crée; on la désire sévère, parce qu'elle frappe tous les criminels sans distinction, & parce que l'on sent que le vice est l'ennemi le plus dangereux de la prospérité d'un État; ainsi le seul desir de violer la loi, ne peut naître qu'au fond d'une ame indigne d'être libre.

Sociétés populaires, on vous a souvent fait un crime de l'exaltation de vos principes: malheur aux ames froides, qui toujours calculant avec le compas de la raison, méconnoissent les transport sublimes du sentiment! Sociétés populaires, vous, qui nées près du soleil brûlant de la Provence, n'avez pu voir sans enthousiasme la déesse de la liberté, vous qui, par des discours pleins de chaleur et d'éloquence, avez embrâsé le peuple du noble desir de la connoître & de jouir de ses bienfaits, resterez-vous insensibles devant la statue de la loi, aujourd'hui sauvegarde de la liberté? ne vous verra-t-on pas développer toute l'énergie de votre ame, quand il s'agit aujourd'hui d'appeler le peuple au respect de la loi? n'enflammerez-vous pas tous les citoyens d'un zèle pur et religieux pour elle? Que chaque membre de vos sociétés s'empresse de lui obéir; que le peuple apprenne de vous que le meilleur patriote est celui qui la respecte d'avantage; que tous les citoyens brûlent de sacrifier leur vie, pour maintenir le seul despotisme que doivent souffrir aujourd'hui des François libres: le despotisme de la Loi, qu'elle devienne aussi sacrée pour vous, que le mot seul de royauté est vil à des oreilles républicaines. Pour propager ces principes, établissez par-tout des sociétés d'*adorateurs de la Loi*, et que tous les agitateurs, tous les criminels tremblent enfin devant elle. On nous dit qu'il n'y a point de religion dominante; Citoyens, vous êtes dans l'erreur: indépendamment de la religion que chacun de vous professe, il est une religion souveraine, protectrice courageuse de l'innocence et de la vertu; elle est commune à tous les François; elle leur garantit les biens les plus précieux, la liberté et l'égalité: c'est la religion de la loi, son culte doit être gravé dans le cœur de chaque citoyen, les privations même qu'elle exige se convertissent en jouissances pour ses fidèles sectateurs, elle sert de base immuable à la félicité des peuples; mais l'anarchie et les horreurs qu'elle enfante, attendent les nations trompées qui veulent se soustraire à son empire.

La loi est l'organe du Souverain : à son nom seul tout citoyen doit écouter dans un respectueux silence ses ordres bienfaisans : et le législateur qui l'a crée, et le pouvoir qui la fait exécuter, et le magistrat qui lui sert d'interprête. et le guerrier qui en protége l'application, sont tous également soumis à son glaive; que dis-je! la force armée pour faire exécuter la loi, doit être une injure pour un peuple libre, il faut que l'unique puissance de la loi naisse du respect, dont chaque citoyen doit l'environner; il faut que le prévenu lui prête, pour ainsi dire, main-forte contre lui-même, il faut enfin que la loi, divinité des hommes sur la terre, y reçoive les premiers hommages, après l'Être suprême, créateur de l'univers. Il lui offroit un encens bien pur, ce sage de la Grèce qui jetté dans un cachot, parce qu'il étoit le plus vertueux des hommes, refusa, par une fuite facile, d'échapper à une mort certaine; *je ne suis plus maître de ma personne, dit-il; je suis esclave de la loi; vainement les portes de ma prison seroient ouvertes, je resterois dans les fers; j'ai juré d'obéir à la loi; quoique innocent, ma mort même doit attester à mes concitoyens mon respect pour elle.* Qu'il fut grand, qu'il fut magnanime le peuple de Paris, quant un ruban tricolore placé au-devant de la prison du dernier des rois, arrêta les transports fougeux de sa juste indignation! qu'il fut majestueux quand, malgré les cris des agitateurs, il respecta des victimes de la loi dans des barbares enfans pris les armes à la main! qu'elle fut affreuse, qu'elle fut horrible cette journée du 2 septembre, où.... ma main se refuse à rougir le papier de ces scènes atroces! Citoyens, c'est à force de vertns qu'il faut effacer ce crime de la nation, que dis-je! ce n'est que le crime des agitateurs qui veulent la deshonorer ou l'asservir.

Sociétés populaires, voulez-vous imprimer à la République un caractère ineffaçable? voulez-vous acquérir des droits à la reconnoissance de tous les siècles? que les lieux de vos séances ne soient jamais des arènes de gladiateurs, livrés aux serpens de la haine, de la calomnie, à des vaines déclamations, à des dénonciations absurdes et à tous les vices des esclaves! qu'ils deviennent des temples, où le peuple se pénètre d'amour pour la vertu et de respect pour la loi, où il apprenne qu'il est aussi nécessaire de lui obéir, qu'il est utile de la discuter. Sachez que celui-là seul est un bon citoyen, qui appelle sur les autorités conſtituées une surveillance active, mais décente; qui, au lieu d'agiter le peuple, l'instruit, qui prêche l'union et la paix, les fruits les plus doux de la liberté. Si vous suiviez ses sages conseils, quel spectacle imposant et sublime la France offriroit à l'univers étonné! des millers de soldats citoyens plantant l'étendart de la liberté ſur les ruines des trônes, se vengeant des crimes des rois par une humanité sans exemple envers les peuples; la République n'exigeant des nations soumiſes que de briser leurs chaînes; la foudre grondant sur les frontières de la patrie, et le calme dans son sein! Et c'est toi, cruel agitateur, qui qui arrête la République prête à s'élever au faîte de la gloire, du bonheur & de la renommée! Et toi, peuple bon, mais facile, humain, mais défiant; pourquoi t'agiter encore? pourquoi ces désirs inquiets & cette sombre défiance? le despotisme est passé; la royauté n'est plus; tu possèdes toute la souveraineté; que peux-tu désirer encore? jouis en silence des bienfaits que procure la liberté, sois calme; les anarchistes sont là, ils veulent exciter des tempêtes pour faire de la France un désert horrible; que l'humanité reprenne son empire, que la dignité nationale soit maintenue dans toute son intégrité; fais consister l'honneur à courber la tête sous le joug des loix, le deshonneur à lever au-dessus d'elle un front coupable & audacieux. Si tu violes son temple, tu vas devenir l'objet de l'exécration et du mépris de l'univers, et la proie des tyrans qui t'environent ; ah ! ne souilles pas du sang de tes concitoyens le berceau de la liberté ! en embrasant tous les cœurs de la passion de l'amour des loix, tu banniras du sein de la France les crimes & les vices, comme tu en as banni des enfans dénaturés ; tu forceras les partisans même de la royauté, à chérir la République ; tu prouvera à tout l'univers, que les sinistres événemens qui ont flétri quelques époques de la révolution, étoient les derniers forfaits du despotisme expirant, et que la masse de la nation est pure et digne de sa liberté. Sociétés populaires, la nation compte sur vous, pour produire ces heureux effets ; que le cahos cesse, que l'anarchie ait un terme : la Convention nationale le veut. Le flambeau de la justice va éclairer la République, et tous les reptiles vénimeux, nés au milieu des orages, vont périr à son aspect.

Lu dans la séance publique du conseil du département de la Drome, du 11 novembre 1792, l'an premier de la République, et imprimé en exécution de son arrêté du même jour, pour être adressé à toutes les municipalités du ressort.

Certifié,

REGNARD, *Secrét. général du Départem.*

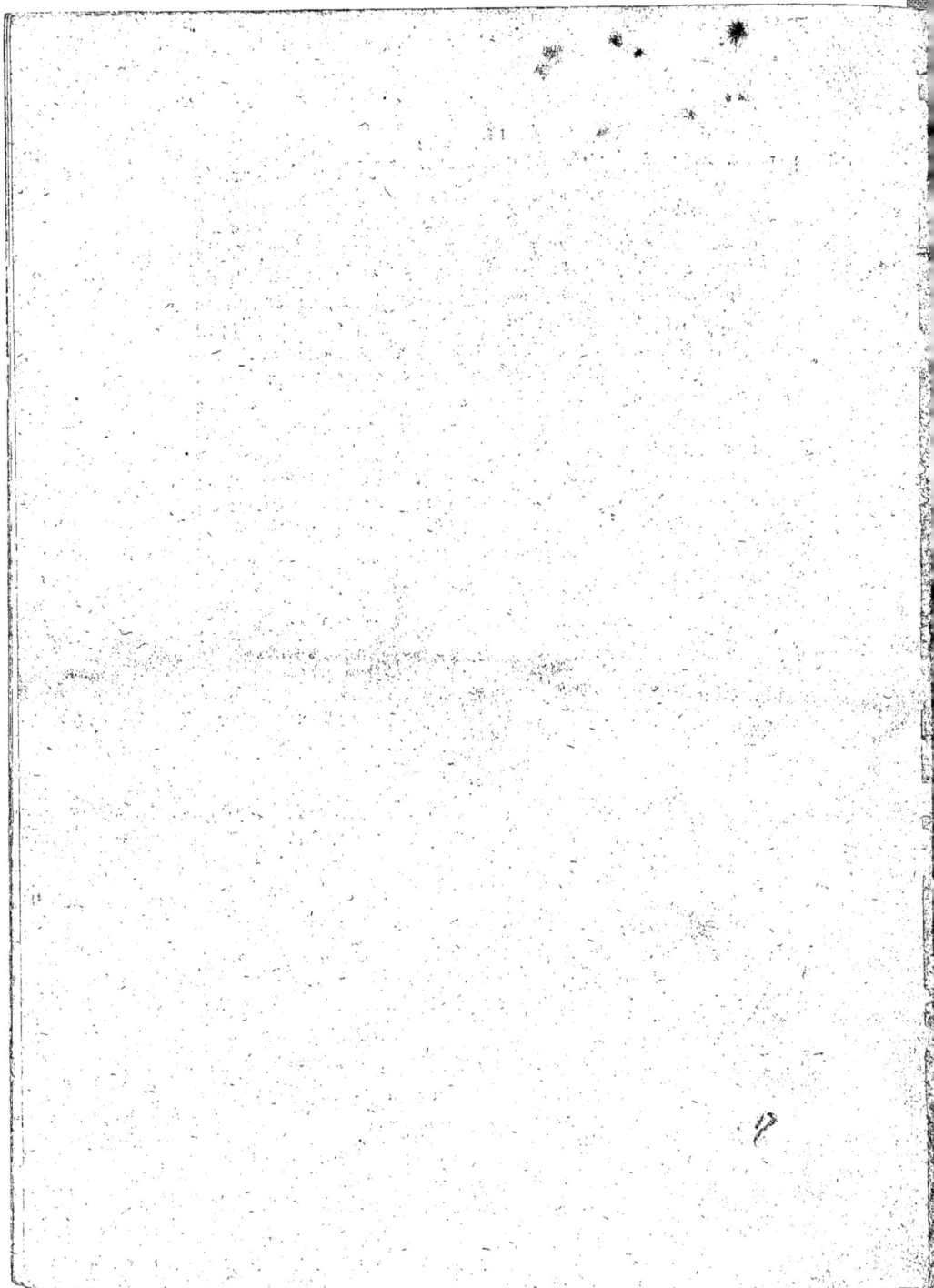